성경책별 집중연구(1)

저자 소개

총신대 종교교육학과(B.A)와 동 신학대학원(M.Div), 아세아 연합신학대학 대학원(Th.M)을 마쳤다. 그 후 영국 카펜웨이 바이블 스쿨을 수료했으며 미국 버지니아 리버티 신학대학원(D.Min)을 졸업했다.

서울 숭의 여중고교 교목과 예장 총회교육국 간사를 역임했으며, 영국 코벤트리 한인교회를 담임했다. 현재는 서울창성교회 담임목사이며 지하철 사랑의 편지 필자, 총신대 강사, 크리스천라이프센터 공동대표, EATS 교장으로 섬기고 있다.

저서로는 〈목사와 평신도〉 〈교사 위대한 힘을 꺼내라〉 〈청소년 설교 이렇게〉 〈요즘 내 아이 어떻게 키울까〉 등 다수가 있다.

초판 1쇄 발행 : 2008년 11월 17일

지은이 : 이진우
펴낸이 : 황성연
펴낸곳 : 도서출판 글샘
주　소 : 서울 동대문구 청량리1동 45-8
등　록 : 제124호(2001년 2월 23일)
ISBN : 978-89-913-5811-9
총　판 : 하늘물류센터
전　화 : 031-947-7777
팩　스 : 031-947-9753

평신도 · 소그룹 · 기초훈련

성경책별 집중연구

이 진 우 지음

글 샘

머리말

"오직 이것을 기록함은 너희로 예수께서 하나님의 아들 그리스도이심을 믿게 하려 함이요" (요20 : 31)

"모든 성경은 하나님의 감동으로 된 것으로 교훈과 책망과 바르게 함과 의로 교육하기에 유익하니" (딤후3 : 16)

– 우찌무라는 일본의 유명한 종교가이다. 하루는 그에게 어떤 대학생이 찾아와 심각하게 질문을 했다.

"우찌무라 선생님, 저는 성경에 나오는 모든 기적들을 믿을 수 없습니다. 예수님께서 물위를 걸으셨다는 이야기, 부활하셨다는 이야기 등은 정말이지 제 이성으로 이해할 수 없습니다. 그런 황당한 이야기나 이해할 수 없는 기적 등은 빼놓고 다른 내용으로만 성경 공부를 하면 안 될까요?"

우찌무라의 대답은 이랬다.

"학생, 성경에서 사람의 이성으로 받아들이기 어려운 기적들을 다 제하고 성경 공부를 한다면 성경에 꼭 두 가지만 남는다네. 그것은 바로 성경의 앞과 뒤표지뿐이지." -

이 교재는 성경의 입문서입니다.

대부분의 성경공부가 특정 주제를 규명하기 위해 각 성경 증빙구절이 동원되거나, 특정 본문을 중심으로 깊게 넓게 심화해가는 스타일을 택하고 있습니다.

이런 교재들이 가지는 빈 구석을 보강하기 위해, 요즘은 성경전체의 내용이나 연대의 맥을 따라 내려가는 공부들이 인기를 얻고 있습니다.

그러나 본 교재는 위의 공부스타일들에서 얻을 수 없는 부분을 지향하고 있습니다. 즉 성경 각 책을 개관하며 그 핵심 내용과 기본 구조를 이해하게 하는 공부입니다. 엄연히 성경은 66권의 각 책이 있고 그들의 합일체가 바로 성경입니다. 따라서 각 권을 일목요연하게 짚어가는 접근은 신앙생활을 확신 있게 하려는 성도들에게 필수적인 단계일 수 있습니다.

새신자반을 마친 성도들이 이 과정을 공부한다면 더욱 유익하리라 봅니다. 혹은 오랜 신앙생활을 했으나 다시금 성경을 연구하기 원하는 성도들이 소그룹—구역이나 훈련반—에서 다루면 좋을 것입니다.

교재 구성은 단순한 편이며 각 과를 해 나갈 때 해당 성경의 책을 통독해나가는 형식을 취하면 더욱 좋겠습니다. 더구나 각 과의 초두에 마음열기(Ice Break)가 있어서 어느 그룹이나 편안하게 시작할 수 있습니다.

우리의 소그룹을 주님이 축복하시기를 빕니다.

저자 이진우 목사

인도자를 위한 조언

1. 지루한 침묵이 있을 때는

만약 질문했을 때 그 질문이 적절하고 괜찮은 것이었다면 마음을 느긋하게 먹고 편안하게 생각하라. 사람들에게는 생각할 시간이 필요하다.

만약 질문이 적합하지 않거나 중요한 요점을 빼 같은 장소, 같은 교재를 가지고 있어도 어떤 소그룹은 생동하고 어떤 소그룹은 지루하기만 하다. 그 차이는 리더가 어떻게 소그룹내의 문제들을 풀어가느냐에 있다. 먹은 것 같다면 당신이 준비했던 질문을 보완할 수 있도록 다시 고쳐서 질문하라.

이렇게 조원들을 격려하라. '눈을 보고 말하라(eye contact), 미소. 느긋하고 여유있는 자세, 말하는 사람을 향해 다가앉음으로 당신이 듣고 있음을 보여주기, 당신이 듣고 있음을 고개를 끄떡임으로 보여주기, 대답해 주셔서 감사합니다, 좋은 생각이군요….'

2. 틀린 답변이 나올 때는

상냥하고 친절하라, 당황하게 만들지 말라.

다른 조원들에게로 질문의 방향을 돌리라. "다른 견해를 가지고 있거나 여기에 더 첨가할게 있는 사람 있나요?" 라고 질문한다.

당신이 토론의 내용을 정리하면서 부적절한 답변을 배제하라.

3. 진지한 분위기를 방해하는 요소들은

모임의 장소를 제공한 사람에게 전화를 받지 말고 자동응답기를 사용

하도록 하거나 아니면 전화선을 빼놓도록 요청하라.

만약 전체가 모이는데 계속적으로 스케줄에 문제가 생기면 그룹의 시간을 재조정한다.

방해거리가 그 어떤 것이 되었건 인내심을 가져야 할 것이다.

4. 어려운 질문에는

적절한 답변을 가지고 있지않다면 솔직하게 인정하고 조원들에게 연구해 보겠다고 말하라.

질문자들에게는 굉장한 질문이 될 수 있으므로 그들 스스로 조사하여 다시 그룹에서 토의하도록 한다.

5. 다룰 내용을 끝낼 수 없는 경우

처음 시작할 때부터 어느 정도의 지침(guidelines)을 설정하라.

내용의 각 부분마다 특정양의 시간을 할당하라.

"다 좋지만 우리는 다음 단계로 움직일 필요가 있습니다"라고 말하는 것을 두려워하지 말라.

6. 유별난 수다쟁이가 있는 경우

"아직 아무것도 이야기할 기회를 못가진 사람들의 이야기를 들어봅시다" 라고 하면서 당신의 질문을 다른 순원들에게 돌린다.

말 많은 사람 옆에 앉아서 그와의 눈접촉을 최소화한다.

7. 침묵을 지키는 조원이 있는 경우

편안하게 대답할 수 있는 위험부담이 적은 질문을 하라.

말하기를 꺼려하는 사람들과 눈이 잘 마주칠 수 있는 곳에 앉는다.

8. 질문이 잦을 경우

질문한 사람에게 다시 되돌려서 질문을 한다. “참 좋은 질문이네요, 그런데 형제님은 어떻게 생각하세요?”

모든 순원들에게 돌아가면서 다 질문하라. “참 좋은 질문인데 여러분 모두는 어떻게 생각하지요?”

좋은 질문, 적절한 질문을 계속 계발하라.

9. 반대와 갈등이 있는 경우

“오늘 성경공부 끝난 이후에 이 내용에 대해 계속 토론할 수도 있을 것입니다. 지금은 오늘의 공부내용에 집중하도록 합시다.”

만약 두 조원이 정기적으로 언쟁을 벌인다면, 리더는 그들 각자와 이야기할 필요가 있다.

차 례

제 1 과

성경을 소개합니다

열린마음 "내가 열 살 때 살던 고향은 이런 곳이었습니다." 각자 소개

함께 읽을 말씀

"또 네가 어려서부터 성경을 알았나니 성경은 능히 너로 하여금 그리스도 예수 안에 있는 믿음으로 말미암아 구원에 이르는 지혜가 있게 하느니라"(딤후3:15)

"당신이 손에 들고 있는 성경책을 살펴보십시오."
성경(Bible)은 66권의 책들이 모아진 것이며 약 40명의 제자들에 의해 기록되었습니다. 쓰여진 기간도 1600여년이나 되며 3개의 대륙에서 3가지 언어로 기록되었습니다. 그럼에도 불구하고 이 책은 마치 한 저자에 의해 쓰여진 한 권의 책처럼 단 하나의 주제를 가지고 있습니다.

Ⅰ. 놀라운 책

1 놀라운 편집 - 단 하나의 주제란 무엇일까요? 세 가지 언어는 또 무엇일까요?

2 놀라운 보존 - 수많은 전쟁과 민족 말살의 위기를 거쳐온 유대인들임에도 불구하고, 성경은 그 내용이 정확하게 지켜져 왔습니다. 답은 "하나님이 보존하셨다"는 것입니다.

그렇다면 성경의 번역 때에는 어떠했을 것이라고 생각합니까?

3 놀라운 발행부수 - 해마다 세계적인 베스트셀러는 성경입니다. 물론 우리나라도 마찬가지입니다. 영국과 외국 성경협회는 밤낮으로 3초당 1권, 매일 32,876권을 발행하는데 세계곳곳에서 발행되는 성경 숫자는 다 셀 수도 없습니다. 당신의 가정에는 몇 권의 성경이 있습니까?

Ⅱ. 성경의 영감성

4 계시(Revelation)

누가 하나님의 깊은 것을 알 수 있습니까? (고전2:10)

계시란 "베일을 벗긴다"는 뜻으로, 하나님께서 인간에게 자신을 알려주시는 것을 뜻합니다.

일반계시, 특별계시라는 말을 들어보셨습니까?

5 영감(Inspiration)

모든 성경은 어떻게 쓰여졌습니까? (딤후3:16)

영감(靈感)이란, 성경의 저자들이 하나님의 계시를 기록할 때 오류가 없도록 보증하시는 성령을 통한 하나님의 사역입니다.

6 조명(Illumination)

누가 하나님께서 우리에게 주신 것을 깨닫게 합니까? (고전2:12)

....

....

'조명' 이란, 성경을 읽을 때 밝히 깨닫게 하시는 성령을 통한 하나님의 사역입니다.

Ⅲ. 성경의 주인공

7 성경은 누구에 대하여 말하고 있습니까? (요5:31)

....

....

8 성경의 예언은 예수님의 탄생과 생애와 재림에 초점을 맞추고 있습니다. 이 예언은 약 300회가 되는데 지금까지 정확하게 이루어졌습니다. 당신은 그 중에 기억하는 것이 있습니까?

....

....

그 외에 성경에 기록된 유대와 주변 국가들의 흥망성쇠는 세계사가 입증하고 있습니다.

[9] 다음 그림을 보고 나름대로 설명해 보십시오.

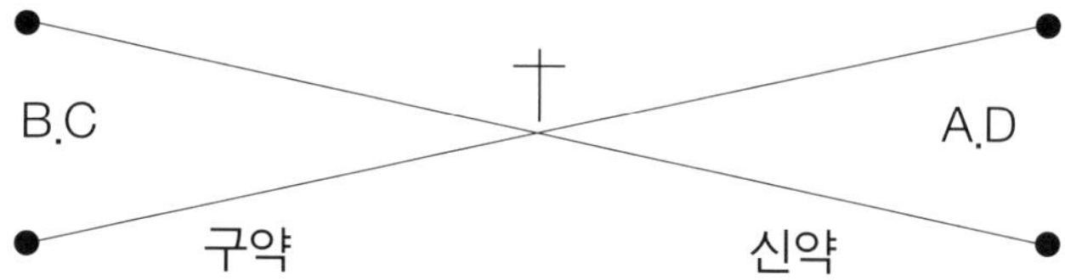

도움

- 성경(정경)은 66권외에, 영감된 말씀은 아니나 교훈되거나 참고 되는 책인 가경(Apocrypha)이 있는데, 외경이라고도 부르며 구약 14권 신약 18권이 있습니다(천주교에서는 외경도 성경으로 포함시키고 있습니다).
- 정경의 결정 - 구약은 B.C 5C 에스라와 대공회원들에 의해 결정되었고 신약은 A.D 397년 제 3차 카르타고 회의에서 결정되었습니다.

나눔

- 성경과 과학이 일치하지 않는다고 생각합니까? 그렇다면 어떻게 설명할 수 있습니까? (딤전6:20)
- 신구약은 총 1189장(30993절)입니다. 성경을 읽기 위해 시간을 얼마나 사용하고 있습니까?

묵상

"성경의 존재야말로 인류가 경험해 온 어떤 유익보다 위대한 것이다. 이 책을 낮게 평가하려는 어떠한 시도도 인류에 대한 죄악이다."

- 임마누엘 칸트-

제 2 과

구약을 소개합니다

열린마음 "나의 성구" 각자 하나씩 암송하기. 선택케 된 동기 설명.

함께 읽을 말씀

태초에 하나님이 천지를 창조하시니라(창1:1).

구약(Old Testament)은 본래 히브리어로 쓰여졌습니다(약간의 아람어도 포함). 그리고 이 책은 B.C 100여년 전에 헬라어로 번역되었습니다. 그리고 신구약의 "약(約)" 이라는 말은 "언약(Covenant)" 이라는 뜻으로 구약(Old Testament)은 하나님께서 그리스도가 오시기 이전에 인간의 구원에 대하여 인간과 맺은 언약입니다.
구약은 도합 39권(929절)으로 구성되며 그것은 크게 역사서, 시가서, 선지서로 3구분 할 수 있습니다.

Ⅰ. 역사서-17권

1 첫 다섯권은 율법서로 모세오경이라 불리웁니다. 무엇 무엇입니까?

2 창 1:1과 계 22:21을 비교하여 읽고 그 느낌을 말해봅시다.

3 나머지 12권의 역사서를 써보십시오.

Ⅱ. 시가서-5권

4 "시와 지혜서"(혹은 성문서)라 불리우는 다섯권은 무엇 무엇입니까?

5 성경은 가장 긴 장이 시편에 있습니다. 어디이며 몇 절까지 있습니까?

6 시편을 기록한 저자들을 아는 대로 써보십시오.

Ⅲ. 선지서-17권

선지서(혹은 예언서)는 그 기록 분량에 따라 대선지서와 소선지서로 구분되기도 합니다.

7 대선지서 5권을 써보십시오.

8 소선지서 12권을 써보십시오.

....

....

9 당신이 아는 "선지자" 란 무엇을 하는 사람입니까?

또 이름을 아는 대로 써보십시오.

구약은 선지자 말라기의 외침으로 끝이 납니다(말 4:4-6). '선지 엘리야' 를 보내시겠다하는 여호와 하나님의 선언을 끝으로.

도움

- 신구약은 결국 하나입니다. 다음은 신약에서 구약을 인용한 횟수입니다.
  마태복음에서 19번, 막~15번, 눅~25번, 요~11번, 히~85번, 계~245번.
- 계통적으로 본 큰 사건들
  창조(창1) - 인간의 타락(창3) - 대홍수(창6) - 바벨(창11) - 아브라함의 부르심(창12) - 애굽으로(창46) - 출애굽(출7) - 율법수여(출19) - 광야에서(민13) - 가나안 정복(수11) - 암흑시대(사사기) - 사울, 다윗, 솔로몬 - 분열왕국 - 바벨론 포로생활 - 귀환

나눔

• 구약의 주요 인물 중 몇이나 기억, 설명할 수 있습니까?
• 구약의 목록을 순서대로 써보십시오.

묵상

나는 학생들에 대한 대학교육을 철저하게 믿는 사람이다. 그러나 대학 교육없이 성경을 아는 지식이 성경 없이 대학교육을 쏟는 것보다 훨씬 가치가 있는 것으로 확신한다.

-W.텔르스(예일대교수)-

제 3 과

창세기를 소개합니다

열린마음 당신에게맘대로 쉴 수 있는 휴일3일이 주어진다면 무엇을 할 것인가?

함께 읽을 말씀

여호와께서 아브람에게 이르시되 너는 너의 본토 친척 아비 집을 떠나 내가 네게 지시할 땅으로 가라 내가 너로 큰 민족을 이루고 네게 복을 주어 네 이름을 창대케 하리니 너는 복의 근원이 될지라 너를 축복하는 자에게는 내가 복을 내리고 너를 저주하는 자에게는 내가 저주하리니 땅의 모든 족속이 너를 인하여 복을 얻을 것이니라 하신지라 (창12:1~3).

시작의 책 창세기—창세기(Genesis)라는 명칭은 "근원" 혹은 "원천" 이란 뜻을 가지고 있으며 그래서 창세기를 모든 나머지 성경의 "종자 책(Seed book of the Bible)" 이라고 부르기도 합니다.
하나님은 저자 모세를 통하여 천지창조부터의 진리를 전하기를 원하셨으며 그는 학문이 능한(행7:22) 사람이었습니다. 이 책의 기록연대는 출애굽 후(B.C 1445년경)이었을 것입니다. 전체 50장으로 되어 있으며, 1~11장은 전 인류를 대상으로 12~50장은 아브라함의 가족을 중심으로 기록되었으며, 또한 앞부분은 사건들 중심(창조, 타락, 대홍수, 민족탄생)으로, 뒷부분은 인물들 중심(아브라함, 이삭, 야곱, 요셉)으로 서술되었습니다.

Ⅰ. 시작되는 역사

창세기에는 모든 것들의 기원이 나타나고 있습니다. 그러기에 사단은 끝없이 창세기를 파괴하려 해왔습니다.

1 창세기의 첫절과 마지막절을 대조해보고 그 느낌을 말해보십시오.

2 인류의 처음 조상의 이름은 무엇이고 어디에 기록되어 있습니까?

3 다음은 각각 무엇의 시작을 나타냅니까?

(1:1)→ (2:22~24)→

(1:27)→ (3:6)→

(2:2~3)→

특히 3장은 "타락장"으로 불리우며, 아름다운 에덴에 맨 처음 죄악이 등장한 곳입니다.

Ⅱ. 약속의 하나님

범죄한 인간은 창조주를 멀리 떠났고 그것은 "노아의 대홍수"를 초래했습니다. 그러나 홍수 후의 새출발도 사람들을 새롭게 하지는 못했습니다. 결국 하나님은 "한사람"을 택하시고(B.C 1095) 그와 언약을 맺으시는데…….

4 이 약속의 대상과 내용은?(창12:1~3)

대상:

내용:

5 그 약속은 또 누구에게 어떻게 확인되었습니까?(26:1~5)

6 28:13~15에서는?

이들 외에 요셉과 욥을 더하여 그 시대의 족장들이라고 부릅니다.

Ⅲ. 메시야에 관한 예고들

인간의 구원을 위한 하나님의 계획은 "메시야"에 집약되는데 창세기에는 오실 메시야에 대한 독특한 세 예언이 있습니다. 각각의 의미를 자신의 말로 표현해 보십시오.

7 창3:15

8 창12:2

9 창49:10

이 예언들은 "갈수록 더욱 선명해지는" 경향이 있습니다. 성경의 첫 책인 창세기는 택함받은 백성이 애굽에서 이민살이 하는 것으로 끝납니다.

도움

• 예수 그리스도는 창세기에서도 중심이십니다. 그 구절들 :
3:21, 4:4, 7:1, 22장, 37:28

• 하나님과 더불어 시작한 일들 :
① 피의 제사(4:4) ② 방주제작(6:8) ③ 제단 쌓는 일(12:8)

나눔

• 창세기에 나오는 인물 중 당신에게 가장 인상깊은 인물은 누구입니까? 그 이유는?

• 다음은 누구의 생애입니까? 한편의 Drama를 보는 듯합니다.
[11번째로 태어남→17세 강제이민→30세 총리→40세 가족상봉→믿음으로 별세]

• 다음의 장소들을 시대 순으로 재배열하십시오. 그리고 각각의 사연을 나누어 보십시요 (지도참조)
① 가나안 ② 애굽 ③ 에덴 ④ 아라랏산 ⑤ 바벨탑

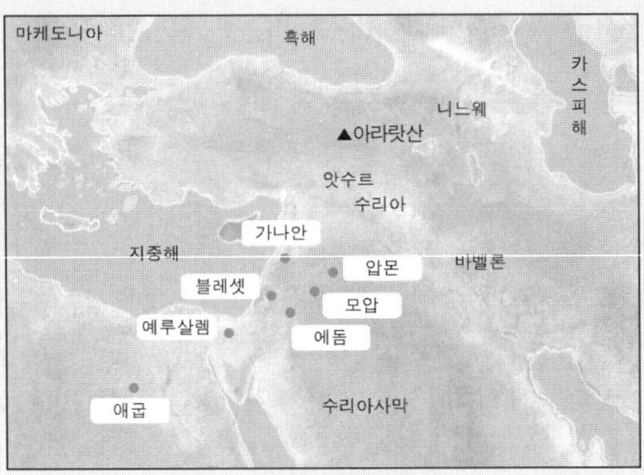

묵상

미리 계획을 세우십시오. 노아가 방주를 짓기 시작했을 때는 비가 내리지 않았다는 사실을 기억하십시오.

수업일 20 년 월 일

제 4 과

출애굽기를 소개합니다

열린마음 하나님이 가장 미워하시는 것은 "이것"이라고 생각한다.

함께 읽을 말씀

내가 애굽 땅을 칠 때에 그 피가 너희의 거하는 집에 있어서 너희를 위하여 표적이 될지라 내가 피를 볼 때에 너희를 넘어가리니 재앙이 너희에게 내려 멸하지 아니하리라(출 12:13).

출애굽기(Exodus)는 본래 "나가는 길"이라는 뜻으로 엑소더스라고 불리웠으며, 이는 이스라엘 백성이 애굽에서 나온 것을 나타내기 위함입니다(출19:1).
저자는 역시 모세이며(출17:14, 24:4), 출애굽의 때가 B.C 1445년임에 비추어 저술연대는 B.C 15세기 후반일 것입니다.
구속(救贖)을 주제로 하며 내용은 「구원과 경배」로 양분됩니다.
전체 40장은 이스라엘 백성이 처했던 땅에 따라 ①애굽에서(1~12장) ②시내를 향하여(13~18장) ③시내 평야에서(19~40장)로 나눌 수 있습니다.

Ⅰ. 애굽에서

창세기와 출애굽기 사이에는 400여년의 세월의 흐름이 있습니다. 맨 처음 야곱의 가족이 애굽에 거할 때는 70여명, 애굽 왕 바로의 환대를 받았습니다. 그러나…….

1 출1:8,9에서 보는 이스라엘 백성의 형편은 어떠합니까?

2 출1장에서와 40장에서 보는 이스라엘 백성의 상태는 어떻게 다릅니까?

3 근 1년 동안 계속되던 하나님과 바로의 대결 - 그 재앙의 항목들을 써 보면? (7~10장)

① 피→ ② (　　)→ ③ 이 → ④ (　　) → ⑤ 악질 → ⑥ (　　) → ⑦ 우박 → ⑧ 메뚜기 → ⑨ 흑암 → ⑩ (　　)

※ 특히 애굽인들이 신으로 섬기던 것들이 오히려 재앙의 도구가 됐음은 놀라운 일이었다.

Ⅱ. 출발 전야

드디어 준비된 마지막 재앙이 내려집니다. 그것은 애굽땅의 모든 첫 번째 난 숫컷의 죽음이었습니다. 그러나 히브리 사람들은 "어린양을 죽여서 문설주 위에 피를 뿌림" 으로 재앙의 칼날을 면할 수 있었습니다.

4 주어진 명령에는 그 의미가 있습니다. 이어보면

어린양을 취하라 •	• 죄된 행위(고전5:7,8)
피를 뿌려라 •	• 영적 영양섭취 - 예배, 봉사, 교제, 믿음생활
양고기를 먹으라 •	• 그리스도께서 당하신 고통(히12:11)
누룩을 제하라 •	• 갈보리에서 흘리신 보혈(히9:22)
쓴나물을 먹으라 •	• 흠 없는 어린양 예수 그리스도(계1:5)

5 지도자 모세의 일생은 40년씩으로 3등분 됩니다. 그 각각의 모습은?

① 첫 40년

② 둘째 40년

③ 셋째 40년

6 다음을 관계있는 것 끼리 이어 보십시오.

바로를 굴복시킴 •	• 홍해
애굽을 벗어남 •	• 약속
언약관계를 분명히 함 •	• 율법과 성막
섬기는 방법을 정하심 •	• 10재앙

※어떤 계산 : 출애굽 당시의 인구는 360만명이며, 50명 종대로 서면 길이가 64km, 매일 트럭 30대분의 음식과 300탱크의 물이 필요함.

Ⅲ. 시내산 밑에서

7 십계명은 내용상 어떻게 양분될 수 있습니까? (20장)

8 산 위에서 모세가 율법을 받는 동안 산 아래 백성들은 무엇 때문에 분주했습니까? (32장)

9 넘치도록 많은 예물이 모아진 사건은 언제, 왜였습니까?(36:1~7)

여호와는 자신이 그 백성들 가운데 임재하심과 장차 오실 그리스도의 모형이 될 만한 거룩한 처소를 지시하셨는 바, 그 이름은?

도움

출애굽과 영적인 의미 : 이스라엘이 바로에게 속박되어 있었던 것은 인간의 영혼이 사단에게 속박되어 있다는 것을 보여주며, 이스라엘의 해방과 광야생활과 가나안땅의 도달함은 마치 우리 개개인의 영혼이 겪는 놀라운 일대기를 보는 것과 같다.

나눔

- 십계명을 간략하게 요약한 성구를 아십니까?(마22. 참조)
- 「출애굽 지도」를 보면서 여정을 정리해 봅시다.

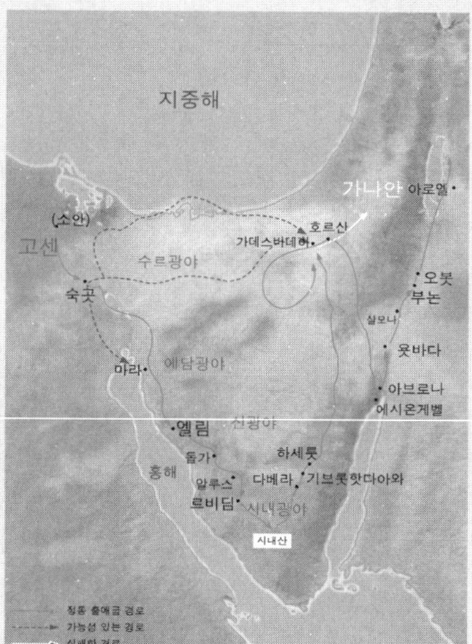

묵상

율법의 돌판은 모세의 손에 의해 깨지기 전에 백성들의 마음을 통해서 깨어졌다.

수업일 20 년 월 일

제 5 과

레위기를 소개합니다

열린마음 당신이 기억해낼 수 있는 가장 어릴때의 추억은?

함께 읽을 말씀

나는 너희의 하나님이 되려고 너희를 애굽 땅에서 인도하여 낸 여호와라 내가 거룩하니 너희도 거룩할지어다(레11:45).

우리가 등한시하기 쉬운 레위기(Leviticus)는 그 중요성으로 인하여 "구약의 복음" 혹은 "속죄의 책" 이라고도 불리웁니다. 명칭은 이 책의 대부분이 레위인, 제사장, 레위 족속에 관한 이야기이므로 "레위인에 관한 것들" 이란 뜻으로 붙혀졌습니다.
역시 저자는 모세이며(마8:2~4), 신명기에 나타난 광야여행 이전 시내산에 머문 1개월 동안의 기록입니다. 예배의 책, 레위기는 전 27장으로 두 가지 주제를 가지고 있는데 ①하나님께로 가는 방법(1~10장)과 ②하나님과 동행하는 방법(11~27장)입니다.

I. 속죄의 길

하나님께서는 세상 사람들의 악함을 철저히 아셨지만 여전히 그들을 구원할 가치가 있다고 생각하셨습니다.

1 이런 관점 - "창세기에서는 인간의 부패를, 출애굽기에서는 인간의 구속을 그리고 레위기에서는 인간의 (　　) 드리는 것을 나타낸다.

2 다음은 제사드리는 성막(Tabernacle)입니다. 각각의 이름을 써봅시다.

1. 2. 3. 4. 5. 6.

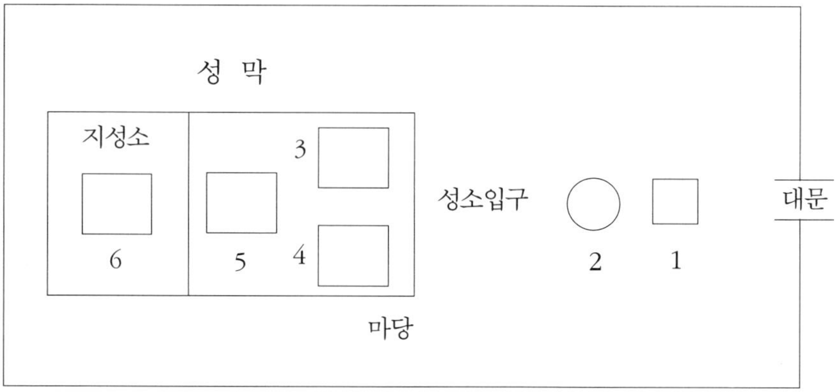

3 여기에서 드려진 모든 제사들은 무엇을 상징합니까? (요1:29)

Ⅱ. 5대 제사

4 하나님은 그에게 나오는 자들에게 무엇을 요구하셨습니까? (11:45)

거룩하지 못한 인간이 거룩한 하나님 앞에 나아가려면 주어진 방법과 제사법을 준수해야 했습니다.

5 다음은 각각 무슨 제사입니까?

① 보상이 필요한 죄의 정결(7:1~7)

② 정결케하고 불을 통해 자원적으로 하나님께 헌신함(6:8~13)

③ 하나님께 감사함으로 그들의 삶을 하나님께 섬기는데 바침 (6:14~23)

④ 하나님과의 친교의 축복에 참여함(7:11~34)

⑤ 죄의 고백과 용서받음(6:25~30)

6 다음에 ○, 혹은 ×를 하시오.

· 보편적으로 드려진 제사는 번제 ( ), 매일 드리는 제사는 소제 ( )이다.

Ⅲ. 거룩한 절기들

7 다음은 각각 무슨 절기였습니까?

① 창조의 날을 기념하여 예배와 휴식(레23:1~3)

② 구속에 관련된 축제(23:4~5)

③ 첫열매를 드리고 축제 이후 50일째에 지킴(23:15~22)

④ 흩어진 이스라엘이 장차 모이게 될 일을 가리킴(23:23~24)

⑤ 원나라의 죄가 고백됨(23:26~32)

⑥ 이스라엘 백성이 광야 생활했음을 기억케함(23:33~36)

8 레위기에서 매 7일은 ( )일, 매 7년은 안식년, 7년×7년 한 다음은

(　　)년, (　　)절은 유월절 7주일 후였다.

도움

- 속죄와 속건제물은 ①점이나 흠 없는 것 ②죄는 드리는 자에게서 드려진 제물로 옮겨지며 ③제물은 죄인을 대신해 죽었고 ④속죄제는 성소밖에서 드려진다.

나눔

- 「나답과 아비후의 사건」을 읽고 느낀점을 나누어 보십시오.
- 오늘날 우리의 예배를 생각해보고, "신령과 진정으로" 드리는 예배는 어떤 것인가 말해보십시오.

묵상

나에게 무슨 자격이 있어 그 은총을 받는 것이라면 나는 그 은총이 필요치 않을 것이다.

-에드 옥크스-

제 6 과

민수기를 소개합니다

열린마음 최근 감명있게 읽은 "책" 그리고 요점은?

함께 읽을 말씀

또 너희 땅에서 너희가 자기를 압박하는 대적을 치러 나갈 때에는 나팔을 울려 불지니 그리하면 너희 하나님 여호와가 너희를 기억하고 너희를 너희 대적에게서 구원하리라(민10:9).

"민수기(Numbers)"라는 명칭은 이스라엘 백성에 대한 두 번에 걸친 인구조사에서 유래된 것입니다. 또한 이 책은 저자 모세(33:2)를 통하여 주전 15세기말에 기록된 것입니다.
민수기는 이스라엘 백성이 시내산과 모압땅 사이의 광야에서 방황한 생활에 대한 기록으로, 새로운 세대가 요단강을 건너서 약속의 땅을 차지할 때쯤인 40년 후에 끝납니다.
전 36장이며 ①여행을 위한 준비(시내에서) 1~9장 ②약 39년간의 여행 10~21장 ③느보산에서 22~36장으로 구분됩니다.

Ⅰ. 산에서 산으로

1 민수기는 산에서 산으로 이어지는 역사이기도 합니다. 적절한 것을 찾아 넣으십시오.

	기간	사건
시내산		
호르산		
느보산		

기간 : ① 수주간
② 39년간
③ 수개월간

사건 : ① 마무리과업
② 광야에서의 나날
③ 인구조사 및 준비

2 민수기는 "방황의 책" 으로 불리우기도 합니다. 이에 대해 하나님은 뭐라고 하십니까? (시95:10)

3 하나님께서 이스라엘 백성에게 주신 보장은? (10:9)

Ⅱ. 민수기의 사람들

4 두 번의 인구조사가 있었는데 1장과 또 몇장에 나옵니까?

인구조사는 백성의 숫자를 아는 것 외에 ①군사력 측정 ②땅 분배의 기초자료 ③정확한 족보를 위해 필요했습니다.

5 각 인물과 해당되는 사항을 연결해보면,

모세 •	• 용감한 정탐꾼
아론 •	• 모세의 누이동생
미리암 •	• 대제사장-모세의 형
여호수아와 갈렙 •	• 위대한 지도자

6 민13장을 참조하고 여호수아와 갈렙의 인물됨을 설명해 보십시오.

10명은 장애물을 보았고 2명은 기회를 보았습니다. 전능하신 하나님과 대조해볼 때 아무도 '거인' 이라는 명칭을 지닐 수 없습니다.

Ⅲ. 광야학교에서

그들은 끝없는 불평과 불만을 토했지만 여호와 하나님은 여전히 신실하셨습니다.

7 구름기둥과 불기둥은 어떤 역할을 했습니까? (10:34)

8 앞서가는 언약궤는 무엇을 상징합니까? (10:33)

9 민21:6~9의 형편을 설명해 보십시오.

훗날 예수께서 말씀하신 놋뱀과 그 상징적 의미는 무엇입니까? (요 3:14~15)

도움

• 이스라엘 백성들은 가데스바네아의 반역(13장)의 댓가로 40년간의 광야생활을 선고받았습니다. 그 당시 20세 이상 되던 구세대는 40년이 지나는 동안 광야에서 모두 죽고 말았습니다. 단 두 명을 제외하고!

• 민수기는 하나님의 징계가 혹독하게 느껴질 수 있지만, 여전히 그의 말씀을 순종하는 자들에게 인내하시며 상 주기를 원하심을 가르쳐주고 있습니다.

나눔

• 정탐꾼들이 보고할 때, 여호수아와 갈렙은 결코 유리하지는 않았습니다. 이와 비슷한 경우를 당해본 적이 있습니까?

• 가데스바네아 사건과, 도중에 교회 다니기를 포기한 사람과 어떤 유사점이 있습니까?

묵상

과거에만 시선을 집중하는 사람들은 미래와의 심한 충돌을 감수해야 한다.

제 7 과

신명기를 소개합니다

열린마음 하나님이 당신에게 무관심했다고 느꼈던 때는?

함께 읽을 말씀

내가 오늘날 천지를 불러서 너희에게 증거를 삼노라 내가 생명과 사망과 복과 저주를 네 앞에 두었은즉 너와 네 자손이 살기 위하여 생명을 택하고(신30:19)

신명기(Deuteronomy)는 기억의 책으로 "제2의 율법"이라고도 불리웁니다. 가나안을 지척에 두고 지도자 모세는 새세대들을 향하여 과거 40년간의 불순종의 흔적을 회고하며, "하나님께 순종해야 된다"고 고별 연설을 하고 있습니다.
이 책은 순종에 대한 축복과 불순종에 대한 저주를 나타내고 있습니다. 전체 34장으로 약 2개월간 머물면서 모세가 행한 세 편의 설교로 구성되어 있습니다(제1편 1~4장/ 제2편 5~26장/ 제3편 27~34장).

Ⅰ. 첫 연설 "뒤를 돌아보라"

모세는 과거 이스라엘의 불순종으로 가득찬 역사를 회고하고 있습니다. 무려 40여년의 방황, 그 얼마나 쓰라린 시간이었을까요? 이제 새 세대는 법도를 익혀야 했습니다.

1 고별 연설 당시의 모세의 연령과 건강 상태는? (34:7)

2 이스라엘 백성들은 먼저 무엇을 상기해야 했습니까? (2:7)

··

· 하나님은 오늘날도 우리의 부족함을 아실까요?

3 신3:21에 나타나는 두 왕에 대한 교훈은 무엇을 나타냅니까?

··

··

Ⅱ. 두 번째 연설 "안을 쳐다보라"

4 신7:6은 모든 하나님의 자녀들이 어떻게 해야 한다고 명하십니까?

··

··

5 하나님께서 가나안땅의 거주민을 쫓아내는 이유는? (9:4~6)

··

··

6 왜 하나님이 인간들에게 규례를 주십니까? (12:1)

··

··

Ⅲ. 세 번째 연설 "앞을 보라"

모세는 곧 정복하게 될 가나안을 바라보면서 미래를 좌우할 선택을 제시하고 마지막 고별사를 합니다. 받아들일 것인가, 거절할 것인가…….

7 모세는 새 지도자로 누구를 세웁니까? (31:7,8) 그리고 그에게 무엇을 당부합니까?

8 28:1~14이 순종에 대한 축복이라면 28:15이하는 무엇입니까?

9 하나님의 계명들은 지키기에 어떻다고 생각합니까? (30:11)

- 오늘 우리는 무엇을 택할 수 있습니까? (30:15)

- 복을 얻으려면 어떻게 해야 합니까? (30:16)

도움

- 모세오경을 요약해보면, 창세기는 택함받은 민족 이스라엘의 시초를, 출애굽기는 국가의 형성과 율법의 주신것을, 레위기는 이 백성들에게 하나님을 예배하는 길을, 민수기는 백성들의 방황하는 모습을, 신명기는 약속된 땅으로 들어가기 위한 최후의 준비를 설명해 줍니다.
- 특히 신명기는 신약에 80회 이상 인용 혹은 언급되고 있습니다(마 4:4, 7, 10).

나눔

- "하나님이 치루신 장례식" 후 모세의 시체를 본 사람이 있습니까? 이로부터 1500여년 후 그는 어디서 어떻게 나타났습니까? (마17:1~3 참조)

- 결국, 이스라엘은 오늘에 와서 돌이켜 볼 때 어떤 길을 택했으며, 그 결과 어떤 일들을 겪어왔다고 생각합니까?

묵상

돌아오지 않는 네 가지가 있다네. 입으로 한 말, 날아간 화살, 지나간 삶, 그리고 놓쳐버린 기회라네.

제 8 과

여호수아를 소개합니다

열린마음 만일, 말을 하지 않고 사는 사회가 된다면 어떤 일이 일어날까?

함께 읽을 말씀

이와 같이 여호수아가 여호와께서 모세에게 이르신 말씀대로 그 온 땅을 취하여 이스라엘 지파의 구별을 따라 기업으로 주었더라 그 땅에 전쟁이 그쳤더라(수11:23).

열 두 권의 역사서중 첫 번째 책인 여호수아(Joshua)는 모세오경과 나머지 이스라엘의 역사를 연결해주는 역할을 합니다. 본서의 내용은 약 25년에 걸쳐 일어난 사건, 즉 가나안땅의 정복과 정착을 보여주며 이 일은 주전 1400년경에야 끝났을 것입니다.
전체 24장으로 전반부(1~12장)는 정복과정을, 후반부(13~24장)는 땅의 분할과 정착의 모습을 보여줍니다.

Ⅰ. 준비시키시는 하나님

모세의 사명은 다했으나 이스라엘의 사명은 끝나지 않았습니다. 요단강을 건너 원수들을 무찌르고 약속된 땅을 소유해야 했습니다.

1 가나안땅에 대한 약속은 언제, 누구에게 주어졌던 것입니까? (창 12:1~3)

2 새 지도자 여호수아는 어떤 사람이었습니까? (민14:6~10, 27:18)

모세가 목자형의 지도자였다면, 여호수아는 장군형의 유능한 지도자였습니다.

3 하나님이 그에게 명하신 임무는? (1:6) 그리고 성공의 조건은? (1:7,8)

준비는 끝났고, 하나님의 기적으로 요단을 건넜습니다.

Ⅱ. 정복되는 땅

4 2장을 보면서, 첫 번째 만난 성과 그 성 안의 한 여인에 대해 아는대로 써보십시오.

그녀의 집 창문에 매어놓은 붉은 줄은 "피를 통해 얻어지는 안전"을 의미합니다(히9:19~20).

5 두 번째, 아이성 전투에서는 어떻게 되었습니까? (7:11)

6 기브온의 전투에서는 어떤 일이 일어났습니까? (10:12)

....

....

- 예일대학의 터튼 교수는 지구 역사 가운데 어느 한 날이 24시간 이상 되는 날이 있었음을 발표한 바 있습니다.

Ⅲ. 부패되는 땅

어느덧 여호수아 나이가 90세에 달했으나 아직 일부는 미정복 상태로 있었습니다. 그러나 제비뽑아 땅을 분배하는데…….

7 땅의 기업이 없던 족속은? (수14:3,4)

....

....

8 수14:12은 누가 한 말입니까? 그것은 어떤 결과를 가져왔습니까? (수15:13,14)

....

....

여기서 우리는 가슴 뜨거운 갈렙의 헌신을 봅니다. 이때 그의 나이 85세였으며, 그의 마지막 헌신은 자기 성읍을 레위지파에게 주는(수21:12) 것으로 절정을 이룹니다.

9 여호수아의 "마지막 당부"를 요약해 보십시오(수24:15).

....

....

도움

• 민수기가 가나안을 향한 여행이었다면, 신명기는 가나안에 들어갈 준비요, 여호수아서는 가나안의 정복사입니다.
• 언약궤를 앞세우고 요단강을 건너는 모습은, "하나님의 임재"를 상징하고 있습니다.
• 여호수아서가 주는 3가지 영적진리
  ① 여호수아는 "우리의 구원의 지도자이신 그리스도"의 모형(고후 1:10).
  ② 요단강을 건넌 사람은 그리스도인이 그리스도와 함께 죽었다는 것(엡2:5~6).
  ③ 이스라엘의 가나안 정복사건은 그리스도인이 영혼의 원수들에게 승리함을 의미.

나눔

• 왜 하나님은 가나안인을 멸하라고 하셨을까요? 그러나 이스라엘은 그들을 남겨뒀는데 그 결과는?
• 6개의 도피성을 설치하게 하신 뜻은 무엇일까요? (수20장)
• 지도를 보며 공격진로를 확인해 보십시오.

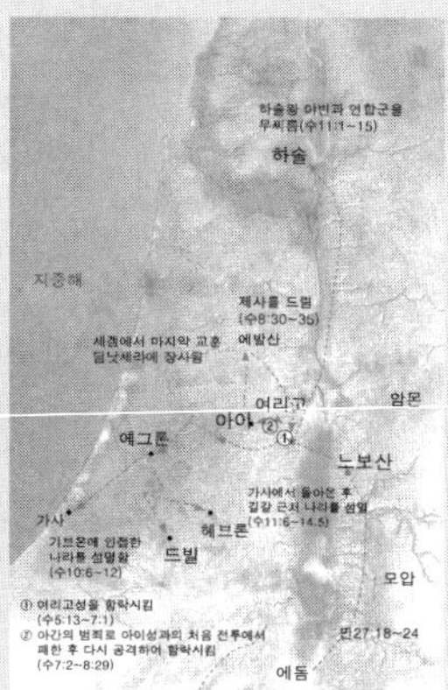

묵상

위태로운 처지에 나아가는 것을 두려워말라! 그 곳이야말로 열매를 거둘 수 있는 적당한 곳이기 때문이다.

수업일 20 년 월 일

제 9 과

사사기와 룻기를 소개합니다

열린마음 교회에 제일 필요한 것은 "이것"이라 생각한다.

함께 읽을 말씀

그 때에 이스라엘에 왕이 없으므로 사람이 각각 그 소견에 옳은대로 행하였더라(삿21:25).
룻이 가로되 나로 어머니를 떠나며 어머니를 따르지 말고 돌아가라 강권하지 마옵소서 어머니께서 가시는 곳에 나도 가고 어머니께서 유숙하시는 곳에서 나도 유숙하겠나이다 어머니의 백성이 나의 백성이 되고 어머니의 하나님이 나의 하나님이 되시리니(룻1:16)

사사기(Judges)는 이스라엘이 가나안에 정착한 후, 325년간의 어둠의 세월을 기록하고 있습니다. 그들이 일곱 번이나 되풀이한 악순환은 이런 것이었습니다(전체21장).
[백성이 죄에 빠짐→하나님의 징계→백성들의 울부짖음→하나님이 구원자를 세우심→평안을 회복…또 죄에 빠짐…]
그 위기 때마다 하나님이 세우신 구원자를 "사사"라 부릅니다.

I. 떠나가는 사람들

여호수아는 그의 계승자를 남기지 않았습니다. 그가 죽은 후 각 지파들은 각기 독자적으로 행동을 하였습니다.

1 이 때 이스라엘 백성들의 행동의 지침은 무엇이었습니까?(21:25)

이제까지 그들이 하나님께 나아오는 역사였다면, 이제 그들은 뿔뿔히 하나님을 떠나가고 있습니다.

2 특히 그 동안에 "어떤 일" 이 그들 안에 번져갔습니까? (2:13)

....

....

이스라엘은, "참 신은 오직 여호와" 한 분 뿐이라는 진리를 만방에 증거할 책임이 있었습니다.

3 이러할 때 하나님이 쓰신 징계 방법은? (3:8,12)

....

주변 나라들을 막대기로 쓰셨지만, 그러나 "막대기를 자식보다" 사랑하는 부모는 없습니다.

Ⅱ. 찾아오시는 하나님

4 징계가 오면 이들은 하나님께 부르짖습니다. 거듭되는 불순종에 하나님은 어떠하셨습니까?(10:16)

....

5 다음은 하나님이 세우신 사사들입니다. 관련 내용을 이으면,

왼손잡이 암살자	•	• 에훗
450:1의 승리	•	• 삼갈
소모는 막대기든 시골뜨기	•	• 기드온
나귀턱 뼈	•	• 삼손

6 사사들이 가졌던 그 초인적인 능력의 원천은? (3:10, 6:34)

자신의 실수로부터 배우지 못하는 사람은 누구도 성숙하다고 볼 수가 없다.

단지 4장으로 기록된 룻기(Ruth)는 어두운 사사시대에 일어난 하나의 아름다운 "사랑의 간주곡" 입니다. 이 감동적인 이야기는 베들레헴 땅에서 유대인 과부 시어미와 살기위해 고향을 떠나는 모압 여인 룻의 생애를 기록하고 있습니다. 하나님께서는 그녀를 이스라엘 사람 보아스의 밭에서 이삭을 줍게 하시고 마침내 보아스의 아내가 되게 하십니다.

Ⅲ. 시대에 걸맞지 않던 사람

7 졸지에 당한 나오미의 비극적인 상황을 설명해 보십시오(1:1~5).

8 1:16을 볼 때, 룻의 효심과 더불어 발견할 수 있는 것은 무엇입니까?(2:12 참조)

룻은 진실로 그 시대에 "예외적인 인물" 이었습니다. 당신은 어떻습니까?

9 1:22에서의 나오미와 4:17에서의 나오미는 어떻게 바뀌었다고 생각하십니까?

• 보아스(룻의 남편)는 다윗왕의 증조부였으며, 바로 그 혈통을 통해 1000년 후 그리스도께서 탄생하셨다!

도움

• 이스라엘 사사15명의 명단을 소개합니다.
[옷니엘, 에훗, 삼갈, 드보라, 바락, 기드온, 돌라, 야일, 입다, 입산, 엘론, 압돈, 삼손, 엘리, 사무엘]
• 이 감격 : 룻은 이방 여인, 보아스는 라합의 아들! 하나님은 구세주의 가족을 형성함에 인간의 혈통보다는 신앙의 혈통을 중시하였다!

나눔

• 하나님이 사사들을 선택한 기준은? (고전1:26) 그렇다면 오늘 내게 향한 하나님의 뜻은 무엇일까요?

• 마1장에서 룻의 이름을 찾아보고 느낀 점을 말해보십시오.

묵상

당신이 당신의 양심과 싸워서 질 때마다 당신은 승리하는 것이다.

수업일 20 년 월 일

제 10 과

사무엘상을 소개합니다

열린마음 "좋은 친구"란 어떤 친구를 말하는 것일까

함께 읽을 말씀

모든 백성이 길갈로 가서 거기서 여호와 앞에 사울로 왕을 삼고 거기서 여호와 앞에 화목제를 드리고 사울과 이스라엘 모든 사람이 거기서 크게 기뻐하니라(삼상11:15).

사무엘상(Ⅰ.Samuel)은 약 60여년에 걸친 가나안에서의 이스라엘의 발자취를 보여주고 있습니다. 혼란한 사사시대가 끝날 무렵, 그들은 왕을 달라고 부르짖습니다. 본서에 등장하는 중요한 세 인물은 마지막 사사이며 첫 번째 선지자인 사무엘과 초대왕 사울과 그 다음 왕으로 선정된 다윗입니다. 그러나 사울은 하나님을 향한 진실의 결핍 때문에, 하나님은 그를 폐위시키고 어린 다윗에게 기름을 붓습니다. 그러나, 사울의 질투에 찬 추적을 피하기 위해 다윗은 광야로 도망해야만 했고, 한편 사울가는 급격히 몰락해 갑니다(전체 31장).

Ⅰ. 하나님의 사람

하나님의 계시도, 이상도 희귀한 어둠의 때에 한 어린 소년은 하나님을 만납니다.

1 삼상3장에 나오는 한 소년의 이야기를 간략하게 설명해 보십시오 (1~18절).

2 그 시대에 백성들의 요구사항은 어떤 것이었습니까? (8:4~7)

....

....

3 다음은 누구를 가리키는 설명입니까?

① 이스라엘의 마지막 사사 (　　)

② 이스라엘의 최초의 선지자 (　　)

③ 이스라엘의 첫 두 왕에게 기름을 부은 사람 (　　)

• 엘리 때문에 얻은 교훈 : 비록 가정을 제외한 모든 분야에서는 성공했을지라도, 당신은 실패한 것이다.

Ⅱ. 큰 몸집의 작은 사람

4 다음의 각 설명이 맞으면 ○, 틀리면 × 하십시오.

사울은 초기 부름 받던 당시~베냐민 지파의 한 소년이었으며 (　　), 왕으로서의 품위에 손색이 없었고(　　), 겸손했으며(　　), 하나님을 경외하는 사람이었다(　　).

• 시작이 좋다고 마지막이 다 좋은 법은 아닙니다.

5 삼상 15장에 나타나는 사울의 결정적 불순종은 어떤 것이었습니까? (22절) ....

인물 선정에 대한 하나님의 요구하심은 무엇이었습니까?(16:7)

....

....

6 결국 사울왕의 종말은 어떻게 되었습니까? (31:4)

....

....

이제 사울은 성경의 기록 중 삼손에 이어 두 번째의 자살자가 되었습니다.

Ⅲ. 작은 몸집의 큰 사람

하나님의 일은 한 사람이 그르쳤다고 중단되지 않습니다.

7 다음 설명이 맞습니까? (○, ×)

다윗은 다방면에 유능한 소년이었으며(　　　), 베들레헴 출신의 목동이었으며(　　　), 18살 때 기름부음을 받았다(　　　).

8 삼상16:13에서 사무엘은 무슨 일을 합니까?

....

....

9 추적을 당하던 다윗이 사울왕에게 행한 일은 무엇입니까?

(24:4) ....

(26:11) ....

여기에서 당신은 어떤 도전을 받습니까?

도움

• 경고 : 사울의 내리막길

(삼상13:11~13)→(14:44)→(15:23)→(18:29)→(28:7)

• 그림으로 보는 사무엘서

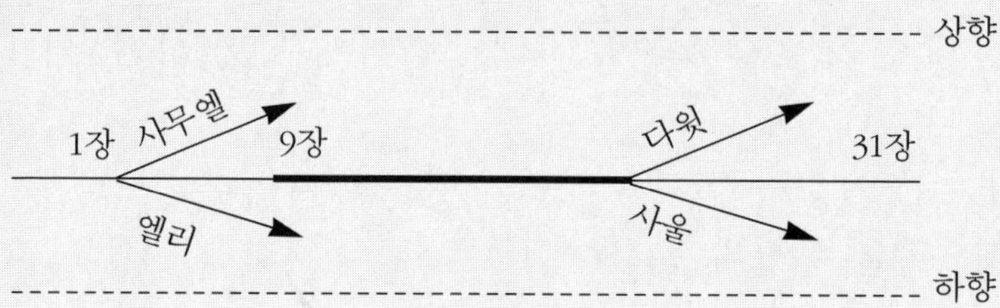

나눔

• 어떤 사람이 "교회에 늦지 않으려 과속을 했을 때", "세금을 속여 많은 헌금을 냈을 때" 타당할까요? (삼상 15:15 참조)

• 한 국가의 지도자에게 필요한 "지도자의 자질" 다섯 가지를 나름대로 말해보십시오.

묵상

습관의 사슬이란 그것들이 너무 강해져 깨달을 수 없을 때까지는 너무 작아서 볼 수가 없다.

수업일 20 년 월 일

제 11 과

사무엘하를 소개합니다

열린마음 초등학교 시절의 추억 중 가장 선명하게 남는 추억담 한 가지

함께 읽을 말씀

다윗이 삼십세에 위에 나아가서 사십년을 다스렸으되 헤브론에서 칠년 육개월 동안 유다를 다스렸고 예루살렘에서 삼십 삼년 동안 온 이스라엘과 유다를 다스렸더라(삼하 5:4,5).

> 사무엘하(II. Samuel)의 주인공은 하나님이 택하신 종 다윗입니다. 사울이 죽은 후 다윗은 처음에는 유다를, 그 다음에는 통일 이스라엘을 도합 40여년간 다스립니다. 이스라엘의 가장 위대한 왕인 다윗의 정치적, 군사적 승리는 이스라엘을 일약 뛰어난 국가로 만들며 성공과 번영의 전성기를 맞게 됩니다. 그러나 후년에 다윗은 사생활이 문란한 죄로 인해 쇠퇴기를 직면케 되고 아들이 일으키는 반란으로 처참한 망명생활을 하게 됩니다.
> 전반부 열장에서는 복종과 축복의 날들을, 후반부에서는 범죄와 심판의 날들을 보여줍니다(전24장).

I. 견고해지는 왕

1 사울의 죽음에 다윗은 어떻게 했습니까? (1:11,12)

이것과 마23:37~39에서의 예수님의 눈물은 어떤 유사성이 있을까요?

2 다윗의 치하에서 왕국은 어떠했습니까? (8:14,15)

3 삼하9:3에서 다윗은 누구와 어떤 행동을 합니까?

이것은 삼상20:42에서 요나단과의 약속 때문이었습니다.

Ⅱ. 휘청거리는 왕

많은 경우, 성공 뒤에는 자만심이 따르며(잠16:8), 그 뒤에는 실패가 뒤따라오기 마련입니다.

4 마땅히 전쟁터에 있어야 할 시간에 다윗은 어디에서 무엇을 하고 있었습니까? (11:1) 그리고, 그 결과는? (11:2 이하)

5 다윗의 간음죄는 또 다시 어떤 죄를 유발시킵니까? (11:15)

눈덩이가 구르듯 죄악은 금새 불어나기 마련입니다. 또한 다윗의 여섯 아들들은 각기 다른 어머니를 두고 있었음을 기억하십시오.

6 19:4에서 읽을 수 있는 다윗의 심정은?

Ⅲ. 다시 서는 왕

말년의 다윗은 "교만이 동기가 된" 인구조사를 실시합니다. 때문에 하나님의 진노하심을 입게 되는데…….

7 이 때문에 직면케 된 세 가지 징벌의 내용은? (24:13)

....

....

8 결국 다윗은 무엇을 택했습니까? (24:14) 그 이유는?

....

....

역시 다윗은 "죄인이요, 성자" 였습니다.

9 훗날 제단을 쌓을 땅을 다윗은 어떻게 구했습니까? (24:24)

....

....

여기에서 발견되는 「드림의 정신」은 무엇일까요?

• 결국 삼상은 인간이 선택한 왕 사울을, 삼하는 하나님이 선택한 왕 다윗을 보여준다.

도움

- 우습지만 슬픈 교훈 : 반역자 압살롬의 자랑거리였던 무성한 머리털은 헛된 영광의 면류관이었습니다. 왜냐하면, 그것이 나뭇가지에 걸려 그의 죽음을 초래하였기 때문입니다.
- 다윗의 생애는 죄로 흐려지기는 했으나 그는 자기 죄를 시인하고 하나님의 사하심을 구하는 사람이었습니다.

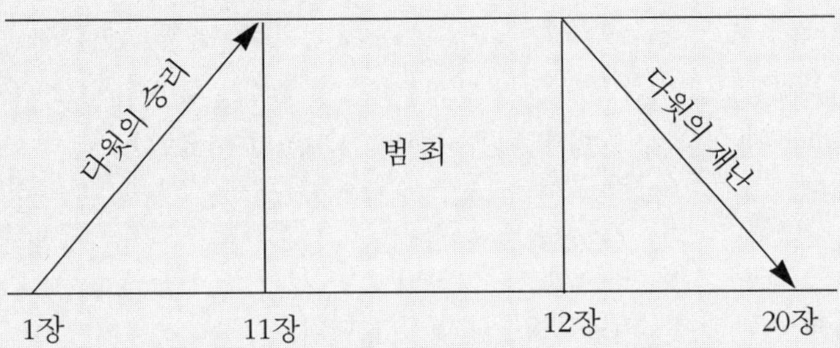

나눔

- 다윗 왕의 "됨됨이"를 나타내는 단어는 어떤 것이 있을까요?

- 시51편을 진지하게 음미해 봅시다.

묵상

잘못된 결정 없이는 올바른 결정을 하는 법을 배우지 못한다.

수업일 20 년 월 일

제 12 과

열왕기상을 소개합니다

열린마음 당신은 책을 살때 무엇을 제일 먼저 보는가. 그 이유는?

함께 읽을 말씀

내가 네 아비 다윗에게 허하여 이르기를 이스라엘 위에 오를 사람이 네게서 끊어지지 아니하리라 한대로 너의 이스라엘의 왕위를 영원히 견고하게 하려니와(왕상9:5).

열왕기상(I . Kings)은 이스라엘의 제3대 왕인 솔로몬의 치하에서 전성기를 이룰 때 시작되나 그는 분열된 국가를 남긴 채 세상을 떠납니다. 전반부(1~11장)는 솔로몬 치하에서의 40년을, 후반부(12~22장)는 분열된 왕국의 90년사를 기록하고 있습니다.
특히 솔로몬의 성전 건축사는 괄목할만한 역사입니다.

I. 통일된 왕국

1 다윗의 묘비에 쓰인 글에는 예루살렘을 무엇이라 표현하고 있습니까?(2:10)

즉, 이제 다윗의 통치는 역대왕들의 본보기가 될 것입니다.

2 즉위한 솔로몬왕이 하나님께 드린 정성은 어떤 것이었습니까? (3:4)

이 때 하나님의 제안은 어떤 것이었습니까? (3:5)

솔로몬의 답변을 생각할 때 "내게 이런 기회가 주어진다면" 무엇을 요청할까요?

3 솔로몬 왕국의 부와 명성은 어느 정도였습니까? (10:1,23)

• 솔로몬의 막대한 부는 일년에 금 666달란트(일백만온스 이상)였다고 합니다(10:14).

Ⅱ. 하나님의 성전

4 솔로몬이 시작한 성전건축은 이미 누구와 거론되었던 것입니까? 또 이 성전은 누구를 위한 것입니까? (5:5, 8:19)

5 성전 건축은 대공사였습니다. 몇 년 동안이나 진행되었습니까? (6:38)

• 그가 지은 성전은 돌과 재목을 자르는데 8만, 그것을 운반하는데 7만의 인부가 필요했다.

6 "여호와 하나님은 성전 안에만 계신다"는 말은 어떤 지적을 받아야 합니까? (8:27)

• 이점 당신의 삶과 어떤 관계가 있다고 생각하십니까?

Ⅲ. 분열된 왕국

7 이스라엘 왕국의 분열의 직접적인 원인은? (12:13,14)

8 북 이스라엘의 첫 왕이 된 여로보암은 어떤 사람이었습니까? (11:26,29,40)

9 아합과 엘리야 이 둘 중에 진정 이스라엘이 필요한 사람은 누구였습니까? (18:17,18)

왕상18장에 묘사되고 있는 「갈멜산상의 대결」을 간략하게 설명해 보십시오.

계속 강팍해지던 아합왕은 처참한 최후를 맞게 됩니다(왕상21:34~38). 하나님에게 있어서 우발사고란 결코 없습니다.

도움

- 열왕기상의 저자는 15장에서부터 열왕기하 마지막까지를 북방 이스라엘왕국과 남방 유다왕국의 상황을 번갈아 기록해 내려갑니다. 마치 시소게임처럼. 그러나 때로 저자는 국가의 영적 흥망에 기여한 선지자나 왕을 집중적으로 설명할 때도 있습니다.
- 분열, 또 분열 북 이스라엘의 열지파는 두 세력에 의해 갈라지기도 했습니다(왕상16:22).
- 역사이해 :

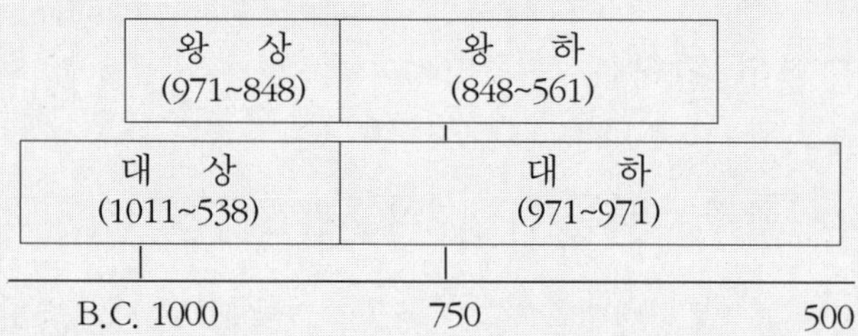

나눔

- 하나님의 마음에 맞는 "예배당 건축"은 어떻게 하는 것일까 의견을 나눠봅시다.
- 갈멜산상에 모여있던 백성들의 태도는 어떤 것이었다고 봅니까? (왕상18)

묵상

어린이들은 본보기를 통해서 가장 잘 배운다. 그런데 문제는 그들이 좋은 본보기와 나쁜 본보기를 분별하지 못하는 것이다.

수업일 20 년 월 일

제 13 과

열왕기하를 소개합니다

열린마음 "이 사람을 소개합니다." 각자 우측 사람 장점을 들춰내어 소개한다.

함께 읽을 말씀

여호와께서 가라사대 내가 이스라엘을 물리친 것 같이 유다도 내 앞에서 물리치며 내가 뺀 이 성 예루살렘과 내 이름을 거기 두리라 한 이 전을 버리리라 하셨더라(왕하23:27).

열왕기하(II. Kings)는 멸망으로 가는 두 왕국에 대한 기록입니다. 북이스라엘은 앗수르에 의하여 사로 잡힌바 되었다가 쫓겨나며, 남유다는 뒤를 이어 바벨론의 포로가 됩니다. 북왕국에서는 19명의 악한 왕들이 지속적으로 내리막길을 달리며, 남왕국에서는 가끔 선한 왕들이 출현하지만 뿌리깊은 죄악을 단절시키지는 못합니다.
결국 두 왕국의 이야기는 비참하게 끝납니다(전25장).

I. 그 시대의 한 선지자

그 어지러운 시대에 하나님은 막강한 능력을 부여한 선지자 엘리사를 세우십니다.

1 회리바람을 타고 승천하는 엘리야에게 엘리사가 요구한 것은 무엇입니까? (2:9) 그 이유는?

2 엘리사가 여호람왕에게 지시한 일의 내용은? 그리고 그는 어떻게 왕을 납득케 하였습니까? (3:18)

....

....

*하나님의 지극히 작은 일이 인간에게는 엄청난 기적이다!

3 당신의 시력은 어떻습니까? "영적근시"라는 말을 엘리사의 종의 상태에서 설명해 보십시오 (6:14-19).

....

....

• 외에도 엘리사는 수많은 기적을 행합니다만, 망해가는 국가를 회복시키지는 못합니다.

Ⅱ. 이스라엘의 멸망

이스라엘은 마치 제동장치가 고장난 자동차처럼 내리막길을 내려갔습니다.

4 악한 왕 아합의 집에 대한 엘리야의 예언(왕상21:19~24)은 어떻게 성취되었습니까? (10:10,11)

....

여기서 무엇을 발견합니까? (나훔1:3)

....

5 이스라엘왕 아사랴의 몸에 문둥병이 발현된 이유는 무엇입니까? (15:4,5)

....

6 결국 이스라엘의 멸망의 원인은 무엇이며, 멸망시킨 장본인은 누구입니까? (17:17,18)

백성의 교만한 죄는 하나님을 버리고 우상을 섬기는 길을 택하였습니다. 앗수르는 단지 하나님 심판의 도구였습니다.

- 당신은 하나님의 사랑을 무시할 수 있습니다. 그러나 결국에 가서는 하나님의 심판을 절대로 피할 수는 없습니다.

Ⅲ. 유다의 멸망

북쪽의 열지파가 분산된 후 남쪽에서는 각성을 할 것인가…….

7 이 중대한 시기에 하나님은 한 믿음의 왕을 일으키십니다. 히스기야의 기도는 어떤 결과를 가져올 수 있었습니까? (19:14-19, 35-37)

8 "최후의 몸부림"-요시야의 개혁을 이렇게 표현할 수 있을 것입니다. 대대적인 우상제거 운동외에 그가 한 중대한 일은 무엇이었습니까? (23:1~3)

9 유다의 왕 시드기야왕의 비참한 처지는 어느 정도였습니까? (25:7)

유다의 마지막 왕은 결국 누구였습니까? (25:27)

....

....

몇몇 왕들의 개혁은 백성의 행동변화는 가져올 수 있었으나, 진정한 회개를 가져오지 못했습니다.

도움

• 두 왕국의 대조 :

(북)	(남)
9왕조	한 왕조(다윗)
19왕~모두 악함	20왕 중 8명은 선함
영적 무지	네 번의 각성
분산~앗수르에게	포로~바벨론에게

나눔

• 만일 당신의 친구가 "십자가 상" 앞에 경배한다면… 당신은 뭐라고 할 것입니까? (왕하 18:4 참조)

• 요시야왕과 그 부친을 연구해 보십시오. "운명의 사슬" 은 어떻게 끊어질 수 있습니까? (왕하21:20~22, 22:2 참조)

묵상

하나님의 뜻이 아닌 것을 제외하고는, 기도로 이루어지지 않는 것은 아무것도 없다.

구약의 시간적 배경

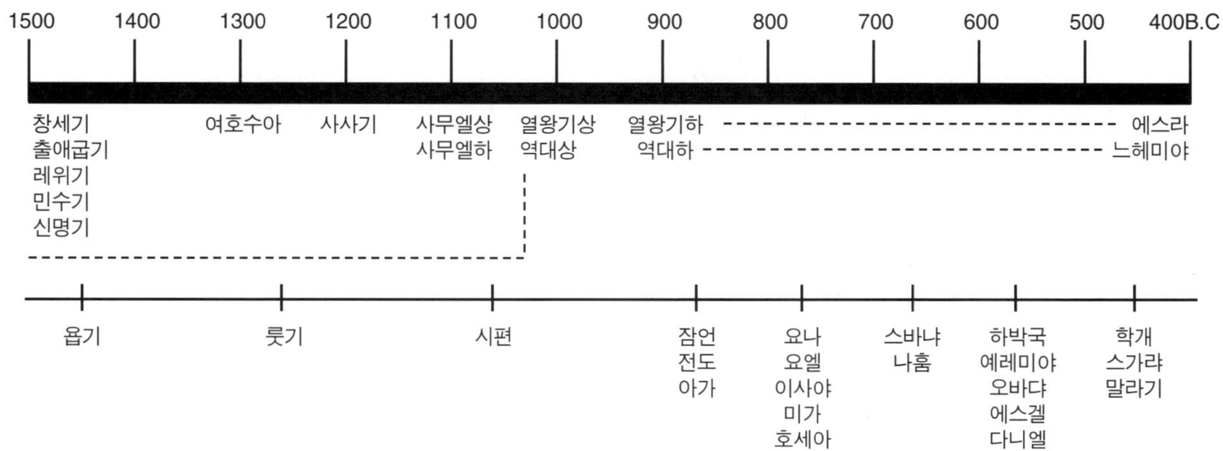

1500
1400
1300
1200
1100
1000
900
800
700
600
500
400B.C
창세기
출애굽기
레위기
민수기
신명기
여호수아
사사기
사무엘상
사무엘하
열왕기상
역대상
열왕기하
역대하
에스라
느헤미야
욥기
룻기
시편
잠언
전도
아가
요나
요엘
이사야
미가
호세아
스바냐
나훔
하박국
예레미야
오바댜
에스겔
다니엘
학개
스가랴
말라기

성경에 대한 일반적인 전망

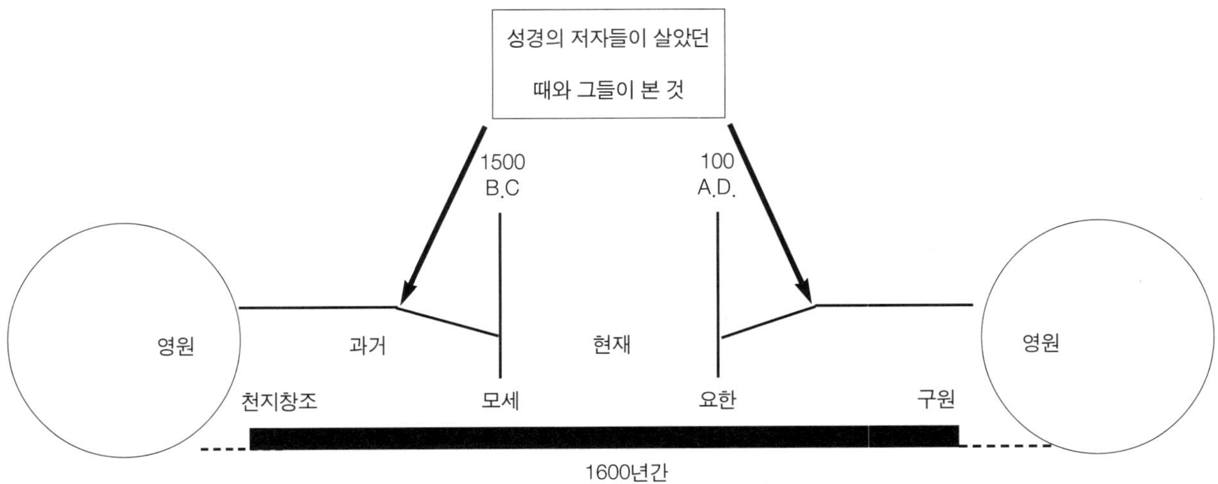